RAINER STECHER

EPEN ÜBER ATRAGON

Verdichtung von Szenen
aus der Atragon-Trilogie

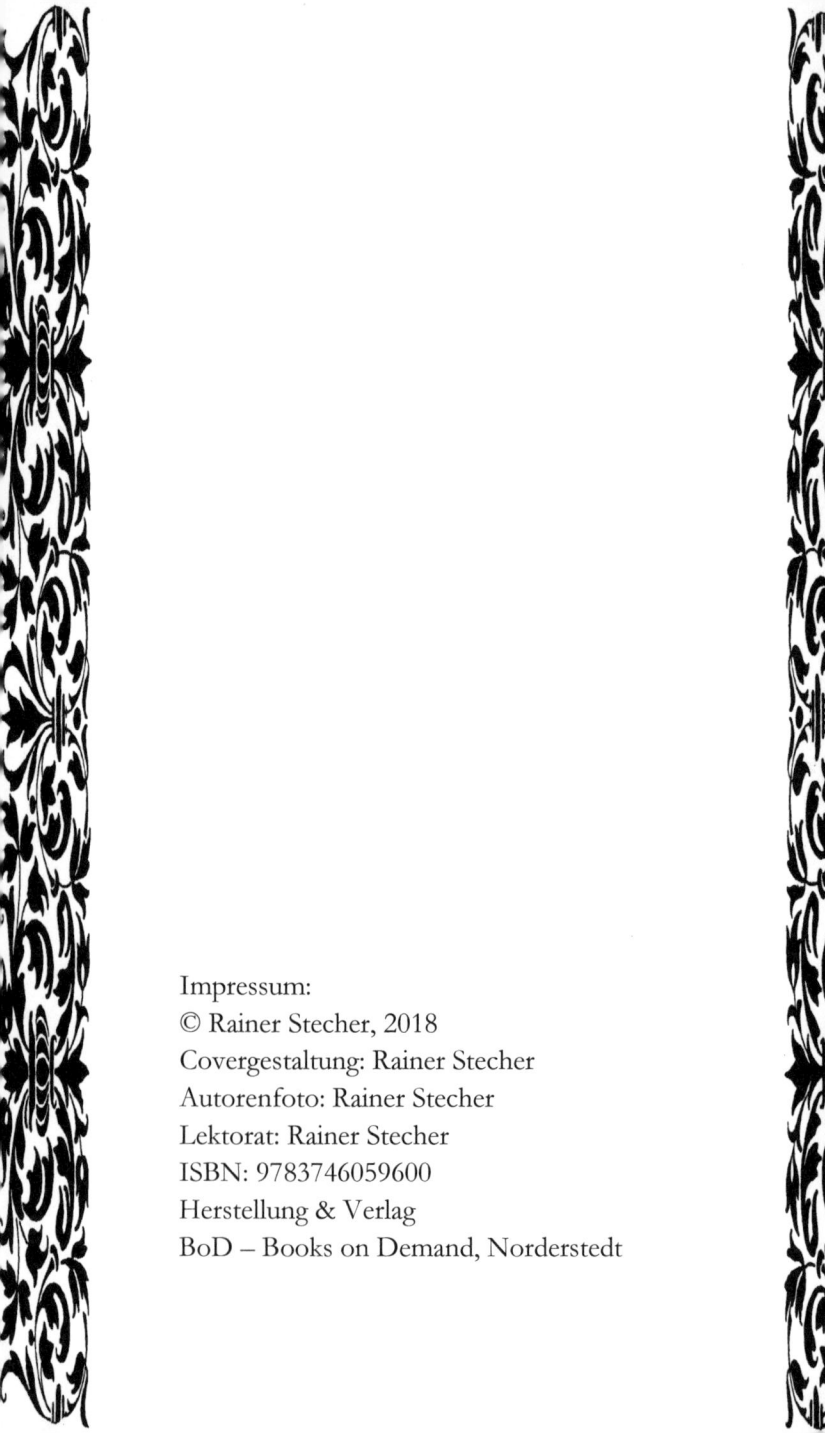

Impressum:
© Rainer Stecher, 2018
Covergestaltung: Rainer Stecher
Autorenfoto: Rainer Stecher
Lektorat: Rainer Stecher
ISBN: 9783746059600
Herstellung & Verlag
BoD – Books on Demand, Norderstedt

Berühre die Herzen
der Menschen und du
gewinnst ihren Verstand

Seelenheil

Kerzenschein liegt in der Luft
und ein Gesicht tanzt schemenhaft
auf blutverschmiertem Fels.
Der Mund klafft weit,
entstellte Lippen formen quälend
Schmerz und Bitterkeit.

Und bleich im dunst'gen Lichte,
einsam, ohne Trost und über
hingestrecktem Leib sich wiegend,
beklagt es laut der toten Liebsten Mal.

„Kein Licht am Horizont,
kein Stern der bricht die Dunkelheit.
Oh Engelsscharen kommt,
vertreibt die düst'ren Schatten mir
und sammelt euch vor ihrem Leib!
Streckt aus ins Dunkle eure Macht
und hebt sie aus dem Schattenreich
als brause Feuer in der
sturmzerfetzten Nacht!"

Der Klageruf verhallt und
Stille schwelt im fahlen Licht
tief unten aus Gewölben toter Macht.
Sie schwingt sich drohend auf,
stößt hart auf Schmerz, auf kalten Fels,
verschlingt den süßen Kelch,
die Fieberglut, den Sturm,
der Hoffnung trieb ins Blut.

Da fährt ein stummer Schrei durch
all die Qual, wie Stürme sterbend fallen,
und das Gesicht auf blut'gem Fels,
von Seelenqual und Schmerz entstellt,
sinkt trostlos nieder auf den bleichen Leib.

Nun taumeln die Gedanken zeitlos,
wirr im Geist der Körper schwankt,
gebeugt, gequält, von Dunkelheit
und Kälte fest umhüllt, bis dass der
letzte Stern vergeht und zartes Licht
die Düsternis des grausen Ortes bricht.

Da birst das Erdreich plötzlich auf,
wo vorher blut'ger Fels in fahlem Schein
mit Tod und Trauer eng verwoben,
und wilde Rosen ranken
aus den Tiefen toter Macht,
umschließen dicht gedrängt
den Ort des Todes, den Liebenden
ein ewig blühend Grab zu betten.

Was die Menschen bewegt

Ob die Welt sich noch dreht,
wenn die Gewalt will nicht enden,
wenn das Leben wird sterben
und mit Waffen man schnell noch
um den Frieden will werben?

Wird sie sich noch drehen,
wenn Feuerstürme den Himmel umwehen,
wenn keine Tränen mehr fließen,
weil man das Leid wird aus Kübeln gießen,
wenn der Regen vergeht
und der Hunger nagt im Gedärm,
wenn der Tod durch die Straßen streift
und die Menschen fallen wie Fliegen?

Man sucht die Antwort, scheint so gescheit.
Doch der Menschen Heere stehen bereit,
um weder Mitleid noch Gnade zu bringen,
sondern in heiliger Rüstung dem jeweils
anderen Gott ihre Wahrheit aufzuzwingen.

Sie türmen Leichenberge zuhauf,
bauen Macht und Einfluss darauf auf,
knechten und rauben, um dem Joch
die Ewigkeit einzuhauchen.

Und ob dann die Welt sich noch dreht,
wird die Menschen nicht scheren.
Sie werden in ihren Gräbern verfaulen,
bis ein neues Geschlecht
beginnt dies grausame Geschäft.

Feuersturm

Still ragt der Wald,
von geisterhaftem Nebel fest umhüllt.
Das Leben darin war verstummt,
verbarg sich tief in Höhlen,
unter rankendem Geäst und zwischen
wirr verzweigtem Wurzelwerk.

Und dort, wo vorher Farn mit hohem Gras
und dornigem Gestrüpp verwoben,
wo lieblich süßer Duft von wilden Rosen
lockte, da war das Erdreich aufgebrochen,
die Wurzelstöcke freigelegt und
pestiger Gestank von faulem Fleisch
erhob sich über waffenstarrendem Gewand.

Doch furchtlos aufgestellt am Rand
der grauen Düsternis, die Feen von
Atragon, bereit, beim ersten Sonnenstrahl
die finstere Brut des Sartos
tödlich zu umarmen.

Kein Zweifel hegte ihre Herzen
noch Mitleid oder Gnade gar.
Erhaben standen sie, die Hüter allen Seins,
die Reihen fest gefügt und tief beseelt im
Geist, die Schlacht zum Sieg zu führen.

Als dann der letzte Stern im Nichts
verschwand, als zartes Licht
den düst'ren Ort beschien,
da schlugen sie im Takt die Schilde
mit dem Schwert und raues
Schlachtgebrüll erhob sich tosend
über Taurons Buchenwald.

Noch war der Schlachtruf nicht verhallt,
da ließ das Feenheer die Feuerstürme los.
Aus dunklen Wolken brach der
Flammenschwall und Todesstille sank im
Widerschein der feurigen Gewalt auf
Blätterkronen, dorniges Gestrüpp
und Wurzelwerk.

Nichts schien dem Flammenmeer
zu widerstehen. Wo lodernder Canto
die hölzernen Giganten peitschte
und flirrend heiße Feuersbrunst
das Morgengrau zum lichten Tag erhob,
stieg dichter Rauch und beißender Gestank
von seelenlosem Fleisch in heiße
Wolkentürme auf.

Kein Fußbreit wichen sie,
die Feen von Atragon – gewillt,
den infernalen Ort mit Blut zu löschen.
Doch als der graue Vorhang sich verzog
und nur noch Ascheregen flockend
über heiße Ebnen zog, trat aus der
atemlosen Glut das Heer des Sartos.
Die gegen jeden Tod gefeite Wächterbrut.

Nur dafür wurdest du geboren

Still war der Morgen, totenstill.
Das Land gebar nur Nebel – düster,
schaurig, alles Leben schwieg.
Und in den Feldern lag versteckt
ein sanftes Windgeflüster, noch.

Und dort, wo Adinofis stand,
inmitten tausendfacher Ähren,
die in den Himmel ragten auf, da hallte
ihrer Mutter Stimme in ihr nach:
„Der Menschen Rettung sollst du
sein, nur dafür wurdest du geboren."

Da schrie sie auf:
„Nur dafür, zu mehr nicht?
Oh Mutter, komm zurück!
Soll das mein Schicksal
sein, meine eherne Pflicht?
Was ist mit meiner Liebe, sprich?!
Ist sie nur Illusion für mich?"

Vom Zorn übermannt, der wie
ein Vulkan erbricht seine Glut,
entlud sich im Zepter, das sie
gen Himmel hielt in der Hand,
der blendend heiße Strahl
ihrer rasenden Wut.

Und im Widerschein dieser magischen
Gewalt zog ein grollend Sturm in dunkle
Wolkentürme auf, riss Korn
und Bäume, Wurzelwerk
und Erdreich mit, zuhauf.
Und weit von ihr entfernt die Berge
wankten und in die Täler donnernd
stürzten Felsgiganten. Flüsse, Seen
wogten schäumend an den Himmelsrand
und jedes Leben starb im Umkreis,
wo ihr Zorn entbrannt.

Reglos stand sie, bleich und stumm.
Und tief in ihrer Seele blies ein Sturm,
als wollten alle Welten-Winde
der Mutter Worte lösen aus dem
festen Gebinde.

Doch auf der verbrannten Erde,
wo ihre Hände, Kleid und Füße
rußgeschwärzt selbst eig'nem
Zorne widerstanden,
da fand sie keinen Ausweg,
ihrem Schicksal zu entgehen.

So ließ sie ab von aller Wut
und ihres Zepters magischer Glut,
sank weinend zu Boden,
fühlte sich trostlos und leer
und die Tränen in ihrem Schoß
wogen wie Steine so schwer.

Und als all der Schmerz war endlich
verflogen und des Schicksals Härte
sich mit ihrem Herzen hatte verwoben,
entstieg ein Leuchten der kühlen Erde
sanft und trug sie nach Atragon,
zu beenden ihren schrecklichen Kampf.

Dunkler noch als jede Nacht

Rot wie Blut floss das Wasser
in breiten Rinnsalen und
Menschen hetzten schreiend
durch den windgepeitschten Tag.
Sie flohen vor dem Tod,
der über ihnen hing in mächtigem
Gewand und der noch dunkler ward
als jede sternenlose Nacht.

Kein Stein war groß genug,
dahinter Schutz zu finden.
Kein Loch so tief, sich sicher
zu verbergen.
Wo seine Sichel siegreich war,
wo Schmerz und Qual von Stille
eingeschnürt in stinkenden Kloaken
tief versank, ließ widerlicher
Leichendunst den Atem stocken,
dass Blut und Herz zum Stillstand kam.

Doch plötzlich war vergessen jeder Schmerz,
die Angst und all das Fluchtgetümmel,
entsetzt der Blick auf einen Berg aus Leichen.
Ein leises Wimmern drang daraus hervor,
das ohne Hoffnung schien, dem Einen
zu entkommen, der mächtig war und
dunkler noch als jede sternenlose Nacht.

Das Zepter der Macht

Einst fürchteten es all ihre Feinde,
das Zepter der Macht, das Adinofis'
Mutter auf einem schwarzen Berg
geschmiedet hat.

Durch einen mit Feuer und Rauch
gefüllten Kamin stieg sie in die Erde
hinab und hat mit bloßen Händen
feuriges Gestein ans Licht gebracht.

Die Form war ein Blitz, zwei Ellen lang,
vor der Glut war ihr nicht bang.
Sie war eine Fee, die erste ihrer Art,
und ihre Bestimmung war es,
zu schmieden das Zepter der Macht,
selbst würde es dauern tagelang.

So goss sie die Glut in die Form hinein,
verschmolz den Knauf mit einem klaren
Gestein und goss ihr Blut darauf, damit es
werde ein magisches Metall, ganz rein.

Die Fee sah auf ihr Werk, befand es für gut,
entfernte die Form, die Reste von Blut
und schmiedete das Zepter bis sich
spiegeln konnte darin ihre Anmut.

Adinofis dachte daran, wie damals
alles begann – als das Böse herrschte
vierzig Jahre lang und dem Leben
seine Macht aufzwang.
An die verlorenen Schlachten und die
vielen Toten, die Moore und Sümpfe
wieder ans Tageslicht brachten.
Und an das Blut, das aus jedem Erdloch
quoll hervor wie ein tollwütiger Tumor.

Sie schwor ihrer Mutter, die längst war
tot, zu rächen das vergossene Blut und
zu lindern den Schmerz dieser Welt,
bis keiner sich mehr erhebe auf dem
Rücken des anderen Not.

Das Geschenk der Adinofis

Dir wurde heut ein Sohn geboren, Königin.
Willkommen soll er sein auf dieser Welt!
Und zur Erfüllung seines vorbestimmten
Schicksals, will ein Geschenk ich ihm
in eure Obhut nun erbringen.
Aus meinem Blut gefertigt, soll dieser
Ring durch wundersame Kraft ein
jedes Heer besiegen, dass ihm nicht
droht das gleiche Schicksal alter,
dunkler Macht.
Dreht er den edlen Stein in vollem Kreis,
kein Schwert noch andere Macht
kann dann verwunden seinen Leib
und das der Treuen, die ihm folgen.
Doch warn' ich ihn vor unbedachter Tat.
Denn nimmt er ab den Ring, gar wechselt
er in den Besitz zum Fürsten Rogan hin,
verloren ist des Ringes Macht, verloren
auch der Schutz im Augenblick.

Die Prophezeiung

Das Kind, dem ich das Lebenslicht
geschenkt, wird einst ein König sein.
So wird es folgen seinem Vater Argonat
in Güte, Weisheit und Gerechtigkeit.
Unübertroffen wird es sein an Mut
und Tapferkeit, sein Schwert zu führen
gegen jeden Feind.

Wenn seine Zeit gekommen ist,
ein Heer zu rüsten, das dem
des Sartos ebenbürtig ist,
wird auch sein Schicksal sich erfüllen.
Denn es ist auserwählt von mir,
gepaart mit meiner Zauberkraft
das Ungeheuer Sartos zu vernichten,
samt seiner Höllenbrut.

Flucht aus Trong

Sanft strömt der Bach, der voll
mit Leben ist und kalt.
Und dort, wo Thyra liegt am
Uferrand und trinkt, sinkt müde
nieder ihre Hand in das fließende
Nass, wo das Leben pulsiert und es
weiter fort sich in der Strömung verliert.

Es drängt sie heftig, zu verweilen
in dem erquickenden Strom,
um jedem Schmerz und aller Mühsal
für einen Moment zu enteilen.

Ihre Gedanken sind träge, fließen hinfort.
Und der feindliche Angriffsplan,
den sie muss bringen nach Atragon
mit neuer Kraft, erscheint nur noch
schemenhaft an diesem Ort.
Da schläft sie ein, von der Flucht erschöpft,
und träumt von den Bergen in Saragon.

Von einem Gipfel blickt sie ins Tal,
das dicht bewaldet ist und einst ihre
Heimat war, wo Habichte und Falken
in großer Höhe kreisen, wo steile Felsen
hufeisenförmig in den Himmel aufragen
und gigantische Wassermassen sich
tosend in die Tiefe wagen.
Nebelhaft steigt Gischt nach oben, jeder
Tropfen ist mit ihrem Traum verwoben.

Ein Wiehern reißt sie aus dem Schlaf,
und was als Gischt sie im Traum gespürt
auf ihrer Haut, war das weiche Maul
ihres Pferdes, das sich am Wasser gelabt.

Nun hält sie nichts mehr an diesem Ort,
die Sonne neigt sich längst dem Horizont.
Die Zeit ist reif, um aufzusatteln und mit
dem Plan zu verhindern der Feen Mord.
So reitet sie los, hetzt über Wiesen und
Felder, durch Flüsse und Wälder, bis am
Ziel ihr Pferd mit Schaum vor dem Maul
zusammenbricht und sie mit dem Plan
in der Hand erfüllt hat ihre Pflicht.

Und wenn er kommt

„Und wenn er kommt, der Tod,
mit seiner Sichel scharf und
im Gewand der Nacht,
dann bitte nicht", sprach Adinofis
sanft am Totenbett des Vaters,
wo er bleich und mager lag.
„Kein Wort wird helfen dir
noch mir ihn anzuflehen,
die Uhr der Lebenszeit zu stoppen,
dir Jahre noch zu geben.
Denn einen Fehler macht er nicht.
Gerechtigkeit, die kennt er nicht.
Er nimmt mit, was ihm gehört,
und hüllt in sein Gewand
dein Lebensband."

Sartos, der Schlächter von Trong

Er war der Tod, die Augen glühend wie
der Schmelz der Erde und lebte
in der Felsenburg von Trong.
Hat Tote aus den Gräbern sich geholt
und sie nach seinem Willen mit Magie
geformt. Ob als Wächter, Sammler oder
als Soldat, sie waren skrupellos, ergeben
ihm bedingungslos.

Doch sie zu opfern, war ihm leicht.
Es gab so viele Menschen-Gräber
für ein neues Heer, das totenbleich..
Beherrschen wollte er den Himmel
und die Erde und die Ordnung,
die die Welt zusammenhält.

So dröhnte seine Stimme gegen
seine Generäle hart: „Zeigt, was
ihr für meinen Feind geplant!
Zeigt mir mein Heer, das Leichentuch,
das meinen Feind ertränkt im Blut."

Weit schwang sein Umhang,
als er majestätisch den Altan
der Burg betrat und sein
Gestank von faulem Fleisch
die Luft durchdrang, bis weit
hinab ins Tal, wo eine schwarze
Masse, die gestaltlos schien, im
Takt von tausend Trommeln schrie.

Soldaten stampften wild und roh
den Boden unter ihren Stiefeln,
schlugen ihre Schilde mit dem Schwert
und brüllten seinen Namen, und ihre
Pferde schlugen feurig ihre
Hufe in den Untergrund aus Fels.

Und als er dann den Arm erhob,
erschlug die Stille jeden Lärm
bis weit hinein ins Land.
Erhaben stand er über ihnen,
umringt von seinen Generälen,
sie in die Schlacht zu treiben,
um auszumerzen alle Feen und
zu vernichten Atragon.

Er war zwei Meter groß,
mit Muskeln stark wie mancher
Wächter seine Schenkel maß.
Sein Haar, das wirr und dicht wie
eine Löwenmähne war, umrahmte
ein Gesicht mit Malen, aus denen
Eiter floss und seine Haut zerfraß.
Er brüllte wie ein Tier von seiner
Kanzel laut: „Lasst keinen leben,
schlitzt ihre Bäuche auf und tränkt
mit ihrem Blut die Erde, auf dass
die Bäume rote Blätter treiben."

Am nächsten Morgen dann, die Sonne
überstieg den Horizont blutrot,
da war der Erdkreis schwarz von seinem
Heer – von Wächtern schwer gerüstet,
das Reich der Feen zu unterwerfen.
Eine Blutspur der Verwüstung hinterließen
sie im Rausch von Mordlust und Gewalt.
Nichts blieb übrig als verbrannte Erde,
ohne Hoffnung auf den zarten Duft
von Rosenblüten, grünendem Geäst und
fruchtgeschwängertem Gesträuch.

Vier Stunden später ging zu Ende
das Gemetzel auf dem Berg von Atragon.
Ein Pakt durch den Verrat Dalias fest
gebunden überließ dem Schlächter
seine angestrebte Macht: Die „Flamme",
die bewahrt das Leben und
das Wachsen und Vergehen.

Die Zeit

Die Zeit prägt alles Leben
dieser Welt, schleicht
langsam hin
zu Glück und Leid.
Doch bestimmt sie auch,
wann eine Macht,
die sich erhebt
auf einem Berg aus Asche,
sich selbst verschlingt.

Das Gewand der Wahrheit

Der Stoff aus dem der Mensch
die Wahrheit webt gleicht dem Gewand,
das er vor Angst und Kälte zitternd
sich schützend um die Schultern legt.

Denn wisst!
Es ist die Vielzahl seiner Art,
die ihn im Geist beschränkt,
in die er sinkt,
wenn menschlich Maß ihn dazu zwingt.

Doch wirft er ab das schützende Gewand,
entflieht der stumpfen Masse Wahrheit,
ein flammend Licht wird seinen Geist
erhellen, ins Dunkle schwinden Angst
und Hoffnungslosigkeit.

Adinofis' eherne Pflicht

In Familie willst du leben,
bist der Schlachten müde,
willst Cenotes Liebe geben,
ihm ein Kind gebären?

Oh Adinofis, hab mich selbst
nach Liebe nur gesehnt,
nach einem Kind mit schwarzen
Haaren, klug und schön im Antlitz.
Doch als du friedlich lagst in meinen
Armen und die Seher deine Pflicht mir
offenbarten, da weinte ich um dich.
Oh Adinofis! Magie ist dir als Fee
gegeben. Cenotes ist ein Mensch,
ein Prinz, in Schlachten sehr verwegen.

Doch glücklich werden kannst du nicht,
denn deine Plicht wiegt schwerer
als die Liebe zu Cenotes.
Verdamme Krieg und Mord von dieser
Welt, pflanz Liebe ein ins Menschenherz.

Miranda

Nebel lag über dem Bergdorf. Es war früh am Morgen, im Dorf schliefen noch alle Bewohner und Miranda hatte Hendriks Hütte gerade verlassen. Nur die zwei Wachposten am Brunnen bemerkten, wie sie sich leise davonschlich. Ein Lächeln zog über ihre Gesichter, die Liebe zwischen ihr und Hendrik war schon lange das Gesprächsthema im Dorf.

Miranda hob die Hand zum Gruß, schlug die Kapuze ihres Mantels über und verschwand hinter dem Dorf in einem Kornfeld. Die Ähren standen hoch, es war Juni. Sie wusste, schon bald würden die Männer das Feld abernten und es für die Ernte im Herbst neu bestellen. Auch Hendrik würde dabei sein, und sofern der Vater es ihr erlaubte, auch sie. Als Frau an Hendriks Seite würde sie wie alle Frauen des Dorfes die abgemähten Getreidehalme dann zu Garben binden und in der großen Dorfscheune zum Trocknen aufstellen. Doch bis zu einer Eheschließung galt es, noch einige Hürden zu überwinden.

Für einen Moment blieb sie stehen und ließ ihren Blick über den Horizont schweifen. Eine noch kraftlose Sonne schob sich langsam über den fernen Rand der Erde. Ihre ersten warmen Strahlen fielen auf ihr Gesicht. Stille lag über dem Land. Nur eine leichte Brise fuhr in ihr langes schwarzes Haar und bog ein wenig die Halme in den Feldern. Miranda

strich sich eine Haarlocke aus der Stirn, während ihr Blick nach Süden ging, wo sich der Umriss einer Anhöhe abzeichnete, auf der sich ein dunkler dicht stehender Wald erhob. Dahinter lag ihr Dorf – umzäunt von spitzen Palisaden. Dahinter befanden sich zehn Lehmhütten um einen Brunnen postiert. Das Dorf war paradiesisch eingebettet zwischen Hügeln und Auen und von Tannen, Fichten und Birken umgeben. Es war der Ort, an dem sie vor achtzehn Jahren geboren wurde, den sie liebte, an dem sie sich wohlfühlte und der, wenn es nach ihr ginge, eines Tages auch Hendriks zu Hause sein sollte. Aber ihre Dörfer waren sich spinnefeind. Auch wenn man sich nicht mit Waffen bekriegte, so stritten doch die Ältesten um jeden Meter Ackerboden, jedes Gramm Saatgut, jedes Stück Winterholz, das mühsam in den Wäldern geschlagen werden musste, und jedes Tier im Wald, das noch nicht erlegt worden war. Alles musste hier oben geteilt werden, besonders aber gerecht zugehen.

Ja, das Leben in den Bergen hatte sich schon vor sehr vielen Jahren verändert: Durch die Ausdünnung der Wälder rund um ihre Dörfer waren mehr und mehr Tiere in die weiten Waldgebiete des Westens gezogen, wo es nur wenige Menschenansiedlungen gab. Selbst die Felder und Berghänge gaben nicht mehr genug Getreide, Kartoffeln und Rüben für alle Bewohner her. Man gab den Ältesten der Dörfer die

Schuld dafür, denn sie folgten schon lange nicht mehr ihrem Wissen über die Natur, sondern hielten an einem Glauben fest, der in den Augen der Jugend längst zu einem Aberglauben geworden war, dem sogar die Liebe untergeordnet wurde. Um die Dorfgemeinschaften getrennt zu halten, verboten die Väter ihren Töchtern, sich Ehemänner im Nachbardorf zu suchen. Doch wie viele in Mirandas Alter, ließ auch sie sich davon nicht beeindrucken. Die Liebenden trafen sich heimlich und gingen voneinander, wenn der Morgen graute.

Lächelnd kehrte Mirandas Blick aus der Ferne zurück und verschwand mit ihr in den Feldern, während ihre schlanken Hände sanft durch das volle Korn glitten.

Ja, sie fühlte sich wohl, obgleich ihr der Vater verboten hatte, Hendrik zu besuchen und das Gefühl des Ungehorsams tief in ihr brannte. Aber der Gedanke an die vergangene Nacht trieb ihren Puls in die Höhe, beflügelte ihre Sinne und zehrte diesen Kummer aus. Nichts konnte sie von dieser Höhe herabheben, weder der Zorn ihres Vaters, der ohnehin nie lang Bestand hatte, noch seine stets mahnenden Worte über die Bärin – einem mythischen Tier, das angeblich über das Wohl und Wehe ihrer Dörfer wachte.

„He, Bärin!", rief sie übermütig, während der Wind ihre Worte über das Feld hinweg zum Horizont trug.

„Wo bist du, hab dich noch nie gesehen?" Drohend ballte sie ihre zarte Faust gen Himmel und ließ sie wieder zwischen die reifen Ähren fallen, während der Wind ihre Augen mit Tränen füllte und ihr die Kühle des Morgens unter ihren Mantel trieb.

Nachdenklich nahm sie eine Ähre in die Hand, klaubte die winzigen Körner heraus und flüsterte beim Weitergehen: „Wie naiv wir doch alle sind, zu glauben, das alles hier von einer Bärin erhalten zu haben – einem Tier, das uns angeblich verbietet, die Liebe frei zu wählen."

Sie lachte und begann die Worte des Vaters, der sie noch vor Tagen ermahnt hatte, bissig zu wiederholen: ‚Gehst du noch mal zu diesem Jungen in das Nachbardorf, dann wird die Bärin über uns kommen. Sie wird uns mit Missernten und Krankheiten strafen und keine Frau wird mehr neues Leben gebären!' Doch sie war mit zwanzig Jahren im besten Alter und Bären gab es in dieser Gegend seit vielen Jahren nicht mehr. Die Alten im Dorf erzählten sich das, und von ihnen hatte sie auch erfahren, dass diese Tiere zwei Meter groß sein sollen, mit dichtem braunen Fell, mächtigen Pranken und einem Maul, dass ein Kleinkind darin hätte stehen können.

„Ach was, dummes Gerede", murmelte sie genervt und dachte an ihren Hendrik und die letzte Nacht mit ihm. Sie waren jetzt seit vier Jahren zusammen. Während der gemeinsamen Feldarbeit ihrer beiden

Dörfer hatte sie ihn kennengelernt und sofort das in ihm gesehen, was sie brauchte – einen Menschen, der ihr Vertrauen in die Zukunft gab, der Humor besaß und ihre Ängste vertrieb. Schon bald hatte sie festgestellt, dass er auch ihre Ansicht zum Aberglauben der Ältesten teilte. Sie sprachen von ihren Träumen, von den Sternen, von anderen Dörfern und Menschen, von einem gemeinsamen Haus ... Nirgends fühlte sie sich wohler und geborgener als an seiner Seite. Sie liebten sich, und genau deshalb hatte sie seinen Antrag gestern Abend auch angenommen.

Miranda legte ihren Kopf in den Nacken, sodass ihr Haar im Wind schwang, öffnete lustvoll die Arme und fing die kühle Luft mit all ihren Sinnen. Dabei drängten sich ihr die Halme entgegen und schmiegten sich so aufrührerisch und erregend an ihren Körper, dass ihr ganz schwindelig wurde und jeder Gedanke an den Vater und seinen seltsamen Glauben aus ihrem Gedächtnis verschwand.

Als sie am Fuß der Anhöhe angelangt war, entdeckte sie am Rand des Feldes ihre Lieblingsspeise: Himbeeren. Sie war hungrig; die Sträucher standen dicht an dicht und in voller Blüte. Schnell hockte sie sich zwischen die Büsche und machte sich über die kleinen Früchte her. Stück für Stück verschwanden die kleinen Leckerbissen in ihrem Mund. Dabei bemerkte sie gar nicht, wie das morgendliche Zwielicht

zwischen den Sträuchern sich allmählich in einen bedrohlichen Schatten verwandelte. Der Genuss der Beeren versetzte Miranda in eine Stimmung, angesichts derer sich ihre Augen schlossen und ihre sinnlichen Empfindungen öffneten, als habe eine warme Hand sie berührt – bis sie plötzlich aufschreckte.

Das Knacken eines Astes hatte ihre Aufmerksamkeit von den Beeren abgelenkt. Und nun sah sie dicht vor sich in kalte bleiche Augen, die ohne Leben zu sein schienen, während ein drohendes Knurren die Angst in ihre Knochen trieb. Noch bevor sie reagieren konnte, schien die Luft um sie herum von gleißendem Licht zu bersten. Ein gewaltiger Hieb traf sie am Kopf und warf sie zu Boden. Ihr Körper erbebte unter der Wucht des Angriffs und ein stechender Schmerz durchfuhr ihre Hüfte, während die kalten Augen eines grauen zähnefletschenden Tieres sie anstarrten.

Die Angst ließ ihr kaum Luft zum Atmen. Der Ohnmacht nahe sank ihr Kopf zur Seite. Und während sie noch an dieses furchterregende Tier dachte, das einem ausgemergelten Wolf glich und der offenbar seit Tagen nichts mehr zu fressen gefunden hatte, wunderte sie sich zugleich über diesen Gedanken, der eigentlich so abwegig wie verwegen war. Längst waren Wölfe aus dieser Gegend weit nach Westen gezogen – in ein Gebiet, das von Beute nur so wimmelte, wie man sich in ihrem Dorf erzählte.

Zu jagen gab es hier kaum noch was, ein paar Hasen vielleicht, aber das war auch schon alles.

Als sie wieder Luft in ihre Lungen bekam, hob sie vorsichtig ihren Kopf und folgte dem Blick des Tieres, das sich unvermittelt von ihr abgewandt hatte und knurrend einem neuen Feind entgegensah. Mirandas Herz machte einen Satz. Ein Schauder erfasste ihren verletzten Körper, und mit aufgerissenen Augen sah sie in einiger Entfernung einen mächtigen Bären aus dem Feld emporragen. Benommen griff sie nach einem Bündel Halme und versuchte sich daran aufzurichten, doch die Schwäche kroch wie schwerer Dunst durch ihren Körper und hielt sie fest an den Boden gedrückt.

Sie kniff die Augen zu und versuchte durch heftiges Atmen dem Einfluss dieser Schwere zu entkommen. Als auch das nicht gelang, fuhr ein zorniges Stöhnen aus ihrer Kehle. Wütend riss sie die Augen auf und war gerade im Begriff ihre Hilflosigkeit herauszuschreien, als ihr Blick zu Eis gefror. Das Bündel Halme begann sich in ihrer Hand aufzulösen. Es wurde zarter, schmolz langsam dahin und verschwand schließlich im Nichts. Und was noch merkwürdiger war: Sie fühlte sich plötzlich leicht und unbeschwert, selbst die Geräusche in der Nähe drangen nur noch gedämpft an ihr Ohr.

„Wie – ist – das – nur möglich?", hörte sie sich stockend und wie aus weiter Ferne fragen und sah

gebannt auf ihre leere Hand, die ihr so fremd vorkam als wäre es nicht die ihre.

Ihr war so unheimlich zumute, dass sie sich ängstlich umsah. Aber was sich da vor ihren Augen auftat, hatte sie noch nie gesehen. Die Landschaft verschwamm hinter den dunstigen Wänden einer wabernden Blase und sie lag mitten drin. Nichts war mehr an dem Ort, wo es vorher gestanden hatte. Selbst der Schmerz, der ihren Körper Sekunden zuvor noch durchbohrt hatte, war verschwunden.

Hab ich mein Leben verwirkt? Mehr konnte sie nicht denken. Das plötzliche Verlangen, sich fallen zu lassen und in dem seltsamen Etwas, das sie umgab, für immer zu verweilen, war stärker. Ihr Kopf sank zu Boden, die Hände entglitten ihrem Willen und fielen zwischen die dichtstehenden Halme.

Die verneinende Antwort auf ihre Frage kam unmittelbar. Sie drang so klar und vehement in ihr Bewusstsein, dass sie darüber erschrak und augenblicklich wieder zu sich fand. Ihre Augen standen weit offen und der Blick eines ängstlichen Kindes verdunkelte ihr Gesicht. Sie starrte auf den Bären, dessen Gestalt im dunstigen Licht der Blase immer klarer hervortrat je näher er Miranda kam. Sein Maul war blutverschmiert und mit den restlichen Fetzen des Wolfs behaftet, den er kurz zuvor getötet und gefressen hatte – zum Glück für Miranda, wenngleich der Bär ihr ebenso viel Angst bereitete.

„Willst du mich töten?", fragte sie ängstlich und mit schwerer Zunge und schob sich mit den Händen Zentimeter um Zentimeter langsam von ihm weg.

„Aber nein", entgegnete der Bär ruhig und wischte sich mit seiner Pranke über das Maul. „Hab keine Angst, mein Kind! Der Bastard hier ..." Er klopfte sich genüsslich auf seinen feisten Bauch. „... wird für heute genügen."

„Wieso kannst du sprechen?" Miranda war zwar fast steif vor Angst, trotzdem erfasste sie ein eigenartiges Gefühl von Neugier und Ehrfurcht. Sie konnte nicht anders. Sie musste ihn das fragen und sich selbst eingestehen, den Mut dazu gehabt zu haben.

„Das können alle von meiner Art!", antwortete der Bär. „Warum auch nicht? Ihr Menschen könnt das doch auch."

„Dann bist du also die Bärin, über die mein Vater so viel spricht, an die er glaubt wie an einen Gott?"

Ein sanftes, unverständliches Brummen drang an ihr Ohr, während der Bär auf seine Vorderpfoten fiel und langsam auf sie zukam.

„Und nun rettest du mein Leben vor diesem Wolf?" Miranda streckte ihren Körper flach auf dem harten Boden aus und schloss in der Gewissheit nun sterben zu müssen die Augen. Doch sie roch nur den faulen Atem des Bären und spürte seine feuchte Nase in ihrem Gesicht.

„Oder ist das der Preis, den ich für meine Liebe, meinen Ungehorsam zahlen muss?" Behutsam schob sie ihre Hände in das dichte braune Fell des Bären. Sie fühlte sein pochendes Herz. Es schlug ruhig und gleichmäßig und vermittelte ihr ein seltsames Gefühl von Sicherheit. Als sie dann aber etwas Raues und Feuchtes auf ihrem Gesicht spürte, öffnete sie abrupt ihre Augen und starrte reglos auf seine lange rosafarbene Zunge, die über ihr Gesicht wanderte und dabei keinen Zentimeter ausließ, als wäre dieses mächtige Wesen blind und würde die Konturen ihres Gesichts ertasten wollen.

„Den Preis deines Ungehorsams trägst du in dir", erwiderte der Bär, nachdem er Mirandas Gesicht eingehend untersucht und sich wieder zu ihren Füßen bäuchlings platziert hatte. „Nur deshalb bin ich gekommen. Das neue Leben wird deinen Vater besänftigen. Es wird ihn lehren, deine Sehnsüchte und Wünsche zu respektieren. Es wird eure Dörfer vereinen und Frieden in eure Hütten bringen." Kaum gesagt, wandte sich der Bär von ihr ab, trat an die Innenwand der Blase und sah noch einmal zurück. Ein sanftes, aber durchdringendes Brummen drang dabei aus seinem Maul, als wäre er mit sich zufrieden. Mirandas Gesicht aber strahlte vor Glück. Und während sie sich sanft über den Bauch strich, flüsterte sie: „Geh nur, Bärin, geh! Ich werde meinem Vater von dir berichten, und meinem Kind."

Der Bär verschwand, allmählich löste sich die Blase auf und die Gerüche der Erde kehrten zurück. Nur Düsternis verdunkelte noch immer Mirandas Augen. Nach einer Weile vernahm sie aus weiter Ferne ihren Namen. Langsam drehte sie ihren Kopf in jene Richtung, aus der die Stimme kam, doch ihr Blick verschwamm zwischen den leicht im Wind wogenden Halmen. Sie wusste nicht, ob sie lebte oder längst im Nirwana weilte. Sie lauschte nur dem fernen Klang der Stimme, die näher und näher kam: „Miranda, Miranda!"

Miranda wollte sich erheben, doch ein Schatten senkte sich auf sie und etwas Weiches berührte sanft ihre Lippen – etwas, das ihr vertraut war, das ihr Herz berührte, das sie liebte.

„Miranda! Wach auf, Geliebte!"

Endlich tat die Stimme ihre Wirkung. Mirandas Gesicht entspannte. Die Düsternis vor ihren Augen verschwand und nahm Hendriks Gestalt an.

„Na erkennst du mich? Sieh mich an!"

Sie blickte auf und sah in Hendriks erhitztes Gesicht. Es war hager und wirkte, obwohl er gerade mal zwanzig war, im dunstigen Licht des Morgens alt. Das lockere schulterlange Haar schimmerte etwas und sein sanftes Lächeln bildete Grübchen in seinen Mundwinkeln.

„Was ist mit dir geschehen?", fragte er. „Du bist so benommen. Geht es dir gut?"

„Nein!", stöhnte sie. „Mein Kopf schmerzt, die Rückkehr in die Wirklichkeit ist doch sehr ernüchternd."

Miranda fühlte sich am ganzen Körper zerschunden und überließ sich nun dem erlösenden Gefühl, in den Armen ihres Geliebten zu liegen. Sie schmiegte ihr Gesicht seufzend an Hendriks Brust, während er einen braunen Lederbeutel mit Wasser von seinem Hosenbund löste, an ihre Lippen hielt und sie zum Trinken aufforderte.

Der erste Schluck nahm Miranda sofort den Atem. Sie hustete und krümmte sich, während Hendrik sie im Arm hielt und jeden noch so kleinen Hustenanfall mit Zärtlichkeit bedachte. Als sie sich beruhigt hatte und wieder zu Atem gekommen war, verband er ihre Wunde mit seinem Halstuch und schlug anschließend seinen Leinenumhang wie eine wärmende Decke um sie.

„Du musst hungrig sein", sagte er leise und küsste ihre Stirn, auf der kalter Schweiß perlte.

„Nicht wirklich. Vielleicht esse ich was, wenn wir im Dorf meines Vaters sind. Du hast mich gefunden, nur das zählt erstmal." Miranda sah zu ihm auf und begann plötzlich zu weinen.

„Wie hast du mich gefunden? Du hast doch noch geschlafen, als ich ging. Wieso bist du mir gefolgt? Du hättest dich ebenso in Gefahr begeben können wie ich." Sie zerrte am Revers seines Umhangs.

Hendrik zögerte und sagte dann: „Ich wollte deinen Vater um deine Hand bitten, der Brauch verlangt es. Deshalb bin ich dir nachgelaufen. Die Spur des Bären hat mich zu dir geführt – eine Schneise niedergetrampelter Halme, an denen noch die blutigen Fetzen seiner letzten Mahlzeit hingen. Ich dachte erst, er hätte dich erwischt. Als ich aber auf etwa hundert Meter heran war, lief er plötzlich die Anhöhe hinauf und verschwand dahinter im Wald. Dann sah ich dich hier am Feldrand liegen."

Miranda drehte ihm lächelnd das Gesicht zu und fuhr mit ihrer Hand sanft über seine vom ewigen Hunger eingefallenen Wangen.

„Mein tapferer Bärenbezwinger, mein Held, mein Ehemann und ..." Sie sah ihm einige Sekunden lang forschend in die Augen. „... Vater meines Kindes."

Hendrik erschrak.

„Vater? Ich? Wirklich? Woher?" Die Worte sprudelten wie Perlen aus seinem Mund.

Miranda lachte auf.

„Wir sind im besten Alter, wieso also nicht?"

Sie umklammerte seine Hüften und kicherte verspielt, als er sich wenig später erhob und sie sanft an sich zog.

„Und? Woher weißt du es? – Sag schon!"

Noch ehe sie antworten konnte, zerriss ein rohes Brüllen die Stille. Mirandas Gesicht verdunkelte sich von einer Sekunde zur anderen und ihre Stimme

wurde farblos und leer. Unendlich langsam wandte sie den Kopf, zeigte zur Anhöhe und flüsterte, als fürchtete sie belauscht zu werden: „Von diesem Bär!" Sie ergriff Hendriks Arm und bedeutet ihm, sofort von hier verschwinden zu wollen. „Ich erkläre dir alles auf dem Weg ins Dorf."

Miranda kroch tief in Hendriks wärmenden Umhang und trieb ihn vorwärts – immer darauf bedacht, die Anhöhe nicht aus den Augen zu verlieren. Doch der Weg durch das Feld war so verschwommen wie die Zukunft, die der Bär Miranda vorausgesagt hatte. Gewiss, ein sprechender Bär war genauso zweifelhaft wie der Aberglauben der Dorfältesten. Niemand hatte so was je erlebt. Und doch hoffte sie auf dieses Kind – hoffte, dass ihr Vater einer Heirat mit Hendrik zustimmen würde und beide Dörfer sich in Frieden vereinen würden.

Auf der Anhöhe angekommen, brach sie ihren Bericht über den Bär ab, schob Hendriks Umhang ein wenig von ihren Schultern und ließ ihren Blick über das flache Tal zu ihren Füßen schweifen.

„Sieh auf diesen Wald, Hendrik", sagte sie. „Er ragt wie eine gewaltige Mauer in den Himmel. Die Geräusche darin verschwinden in den nebligen Schleiern, die zwischen den Bäumen hängen. Nur der Wind wiegt leise die hohen Wipfel. Und dieser herrliche Duft nach Tannennadeln, feuchtem Moos und frischer Erde – braucht man mehr als das?"

„Ein wenig mehr schon", entgegnete Hendrik lachend, drehte sich um und zeigte auf die Gegend, wo er Miranda gefunden hatte. „Kornfelder zum Beispiel, von denen alle satt werden, weite Wiesen, auf denen Kühe und Rinder grasen und Kinder herumtollen, volle Speicher, Regen und Sonne und Wälder mit Tieren aller Art und um Holz für den Winter schlagen zu können. Das Gefüge muss stimmen, damit wir alle die kalten Wintermonate überstehen."

„Ich weiß", seufzte Miranda und gab ihm lächelnd einen sanften Stoß in die Rippen. Dann machten sie sich auf den Weg und folgten einem breiten bereits von Gras überwucherten Pfad, der sich in vielen Windungen Hang abwärts schlängelte.

Nach etwa hundert Metern fragte Miranda: „Können wir etwas langsamer laufen?"

Hendrik merkte erst jetzt, dass er ohne Absicht einen recht strammen Schritt angeschlagen hatte. Er gestand sich eine seltsame Unruhe ein, die mit dem Auftauchen des Bären zu tun hatte. Eine Waffe hatte er nicht dabei, nur ein kleines Messer zum Schneiden von Brot und Äpfeln. Auf jeden Fall entschloss er sich, den Abstand zu Miranda zu verringern und seinen Schritt zu verlangsamen.

Inzwischen war es taghell geworden, wenngleich die Sonnenstrahlen durch den leichten Dunst zwischen den Bäumen noch immer gedämpft wurden

und nicht wirklich wärmten. Miranda fror. Sie hatte in der Nacht zuvor kaum geschlafen, hatte diesen Bär überstanden und war hungrig. Hendrik machte sich Vorwürfe, sie in diese Lage gebracht zu haben.

Es ist alles meine Schuld, dachte er. Ich habe sie geschwängert und sie muss sich jetzt den Vorwürfen ihres Vaters aussetzen, vielleicht gar des ganzen Dorfes. Wer weiß, ob das Kind je genug zu essen haben wird, wo es so schon kaum was zu jagen gibt und die Ernten so rar ausfallen."

„Ich bin so müde", sagte Miranda.

Hendrik sah sie an und bemerkte einen dünnen Schweißfilm auf ihrer Stirn: „Schmerzt dein Kopf noch immer?"

„Nein, ich bin nur müde."

„Komm, ich helfe dir", entgegnete er und nahm sie bei der Hand. So traten sie schließlich zwischen die mächtigen Stämme hoch aufragender Fichten, folgten einer seltsamen breiten Schneise und bahnten sich den Weg über niedergetrampeltes dorniges Gestrüpp, stiegen über altes, schweres Astwerk, das ehrfürchtig unter feuchtem Gras und Farn versank, traten auf Bruchholz und ließen dabei ihre Blicke über alles schweiften, was sie umgab – wild blühende Rosenbüsche, deren Farbenpracht einst Scharen von Schmetterlingen und Bienen angelockt haben muss, und Hunderte Pilze mit schmutzig-braunen Kappen lagen herausgerissen auf dem Boden. An alten, morschen Baumkadavern, die mit ihren tiefen Wurzeln selbst der Erdschwere widerstanden, spannen riesige Spinnen ihre weit ausladenden Netze. Weiter fort war eine Mulde, in deren Mitte ein alter, dicker Baumstumpf aus dem Boden ragte, mit abgebrochenem Stamm und kräftigen Wurzeln, die wirr und regellos um ihn herumrankten. Und überall war der Boden aufgerissen und übersät von Astwerk, Wurzeln, Bruchholz und einem Meer von verwirbeltem Blattzeug. Wohin sie auch blickten, entlang ihres Weges herrschten Zerstörung und Chaos.

Hendrik ließ Mirandas Hand los und sah sie an.

„Was ist hier geschehen?", fragte er flüsternd.

Miranda zuckte mit den Schultern und fing an zu weinen. Sie ahnte, von wo die Gefahr ausging und stand stocksteif auf dem Fleckchen Erde, wo Hendrik ihre Hand losgelassen hatte. Sie konnte sich nicht rühren, nicht einen Zentimeter, und die Angst kroch immer tiefer in ihr Herz.

„Es heißt", dabei zitterte sie am ganzen Körper, „dass Bären über enorme Kräfte verfügen würden."

„Bären?"

Hendrik ging einen weiten Kreis und untersuchte akribisch das chaotische Durcheinander. Der feuchte Boden unter seinen Füßen hatte tiefe Abdrücke hinterlassen – Spuren, die darauf hindeuteten, dass hier eine Horde großer, schwerer Wildtiere durchgerast sein musste.

„Wenn das wirklich Bären waren, dann hat dein Dorf ein gewaltiges Problem. Denn diese Abdrücke hier führen genau dorthin." Er sah Miranda an und erforschte ihren Blick, der hilflos über alles schweifte, was sie umgab.

„Was ist?!", schrie er sie nervös an. „Kannst du dieses Chaos auch auf einen Grund zurückführen, der nicht so bedrohlich ist? Wie soll ich uns beschützen, wenn ich nicht mal eine Waffe habe?"

„Nein, Hendrik!", schrie sie verzweifelt zurück. „Wie sollte ich? Es scheint mir nur diese Möglichkeit zu geben. – Ich habe Angst, furchtbare Angst, sicher genauso viel Angst wie du!" Sie schüttelte sich als würde sie frieren und schlang die Arme fest um ihren Körper.

Hendrik trat an sie heran und nahm sie versöhnlich in die Arme. Er hatte es übertrieben, das wusste er. Aber er konnte sich keinen Reim aus all dem machen, und eine Ahnung allein genügte ihm nicht. So standen sie noch eine Weile, lauschten hilflos in die geisterhaft anmutende Tiefe des Waldes und begannen wie Tiere zu wittern. Doch die Giganten des Lebens standen so still und reglos wie vordem. Nur dass diese Stille von Minute zu Minute zu einer anderen zu werden schien, als würde sich jeden Augenblick der Wald in ein gewaltiges Getöse, Geschrei und jähes Entsetzen verwandeln. Alles um sie herum erschien ihnen plötzlich so eng und be-

48

drohlich. Selbst der Wohlgeruch der Bäume glich nun dem lockenden Duft einer Venusfliegenfalle und das leise Rauschen des Windes empfanden sie wie eine einzige durchdringende Warnung.

Hendrik löste sich von Miranda und ging nachdenklich einige Schritte auf und ab. Sein Herz pochte wild in seinen Schläfen, denn er wusste, dass sie beide in der Nähe des Dorfes waren und schon bald auf diese Bären stoßen könnten. Wie Miranda mit diesem Umstand klarkommen würde, wusste er nicht. Er musste sie jedenfalls im Auge behalten, sie nichts Unüberlegtes tun lassen, sie aber unter allen Umständen beschützen. Doch mit was? Er barg sein Gesicht in den Händen. Das kleine Messer in seinem Umhang geisterte ihm immer noch im Kopf herum, obwohl er wusste, dass er damit nichts anfangen konnte. Ein dicker Knüppel wäre gut, überlegte er, und laut schreien könnte auch nicht schaden. Was aber, wenn … Voller Entsetzen lief er plötzlich los und schrie: „Komm Miranda, komm schnell!"

Er hörte sie hinter sich wild kreischen, warf einen Blick über die Schulter und rief erneut: „Komm schon, wir müssen in dein Dorf!" Dann blieb er keuchend stehen und wartete, bis sie heran war. „Es hat keinen Sinn, Miranda. Sie waren sicher schon da", sagte er und ergriff ihre Hand. „Und wenn wir jetzt rennen und im Wald herumtrampeln, machen wir die Bären noch auf uns aufmerksam. Also sollten

wir besser leise sein!" Miranda nickte stumm. Die Angst stand ihr ins Gesicht geschrieben. Sie wartete, bis Hendrik sich aus der Wasserflasche bedient hatte, nahm selbst noch einen Schluck und ging dann mit ihm weiter. Ihr Dorf war nicht mehr weit, fünfhundert Meter vielleicht.

Sie brauchten nur den Spuren der Verwüstungen zu folgen, wobei ihre Schritte unbewusst immer länger und schneller wurden. Gewiss, nicht alle bekannten Pfade und wegweisenden Anhaltspunkte lagen dabei in ihrem Blickfeld, aber irgendein lautes Wort hätte zu dieser frühen Morgenstunde auch zu ihnen dringen müssen. Doch das tat es nicht. Ihnen trat niemand entgegen, um Korn oder Rüben einzubringen, Feuerholz, Pilze oder Beeren zu sammeln. Selbst das zu dieser Stunde übliche Geschrei spielender Kinder blieb aus. – Mit all dem bestätigte sich etwas, das finster und bedrückend auf sie wirkte, das ihre Herzen schneller schlagen ließ und ihr Blut in Wallung brachte. Hand in Hand hetzten sie dem Dorf entgegen und ahnten Blut, Tod und Zerstörung. Bruchholz knackte unter ihren Füßen. Sie traten darauf, ohne sich darum zu kümmern. Selbst die noch kalten Schatten der hohen Fichten ließen sie unbeachtet. Nichts hielt sie auf, lärmend stolperten sie auf die in Stille getauchten Lehmhütten des Dorfes zu. Und auch wenn sie nicht daran glaubten, aber es wurde sich jemand ihrer Ankunft bewusst.

Stöhnend vor Schmerz hob Mirandas Vater den Kopf. Seine weit aufgerissenen Augen hafteten einen Moment lang an der offen stehenden Tür der Hütte, dann sank er in die blutgetränkten Kissen zurück und schloss seufzend die Augen.

Etwa hundert Meter vor den Palisaden des Dorfes stießen Miranda und Hendrik auf eine große Anzahl weiterer Spuren. Hendrik kniete sich nieder und sah sie sich genauer an.

„Es sind Bärenspuren", flüsterte er und griff sofort nach einem großen Knüppel. „Ich habe es geahnt." Er fand es allerdings seltsam, dass Bären im Rudel auftauchten und noch dazu in einer Gegend, in der seit vielen Jahren keine mehr gesehen wurden. „Ein gutes Dutzend vielleicht. Siehst du?" Seine Hand wies auf deutlich erkennbare Abdrücke. Der Boden war übersät davon.

Miranda erbebte vor Angst. Instinktiv ertastete sie Hendriks Hand, während sie langsam hinter ihn trat. Hendrik aber lauschte gebannt. Kein Geräusch sollte ihm entgehen.

„Ich glaube, sie sind fort", beruhigte er Miranda nach einer Weile mit ernster Miene. „Wäre es anders, dann hätten sie uns längst gewittert und angegriffen oder zumindest ein Geräusch verursacht."

„Aber, wie kann das denn sein? Die Bärin sagte, ich bekäme ein Kind, und nun das?"

„Das war ein Traum, Miranda." Hendrik packte sie bei den Schultern. „Wach endlich auf! Der Wolf hat dich verletzt, du bist in Ohnmacht gefallen, hast im Delirium den Bären gesehen und gedacht, er würde sich mit dir unterhalten. Doch Bären sprechen nicht. Sie wollen Fleisch, und das finden sie nur in unseren Dörfern. So ist das, mein Schatz."

Verwirrt schweiften Mirandas Blicke über den Boden. Dabei drehte sie sich langsam, raufte stöhnend ihr Haar und blieb dann wieder nachdenklich stehen. Sie wusste um ihre Angst vor einem Angriff der Bären, aber sie wusste auch, dass ihre Angst um den Tod ihrer Eltern größer war. So raffte sie plötzlich den Saum ihres Kleides und rannte los. Nichts konnte sie aufhalten, um in ihr Dorf zu gelangen, selbst Hendriks warnender Ruf nicht, den sie nur noch im Unterbewusstsein mitbekam.

Der Wind frischte auf, wie ein unheilvoller Bote, fuhr in ihr Haar und in ihren Mantel. Sie hetzte über den mit Blut getränkten Dorfplatz, sprang über zerfetzte Kisten, stieß einen Heuhaufen beiseite, ohne die abgenagten Menschenknochen darin zu bemerken, umging ein Pferdefuhrwerk, an dem noch die bluttriefenden Überreste des bereits eingespannten Pferdes hingen, lief am Dorfbrunnen vorbei, auf dessen Rand eine zerfetzte Leiche lag, und verschwand schließlich in der offenstehenden Hütte ihres Vaters.

Bei ihrer Hatz war ihr nichts verborgen geblieben: nicht die aus den Angeln gerissenen Türen der niedrigen Strohhütten, nicht die Schleifspuren der Menschenopfer, die umherliegenden Torsen mit ihren abgerissenen oder abgenagten Gliedmaßen und fehlenden Köpfen und auch nicht die grausame Stille im Dorf.

Hendriks Blicke folgten Miranda. Es war ihm unmöglich zu reagieren. Dabei wollte er doch für sie da sein, sie vor unbedachtem Handeln bewahren, vor Gefahren schützen. Und nun musste er mit ansehen, wie Miranda von Verzweiflung übermannt dem Tod begegnete.

Er ließ sich auf einem Baumstumpf nieder und beschloss nach einiger Überlegung, in der Zwischenzeit die anderen Hütten nach Überlebenden abzusuchen und Hilfe zu leisten, wo Hilfe nötig war, denn offenbar hatten die Bären jeder Familie des Dorfes einen Besuch abgestattet. Er hatte Blut in einigen der Abdrücke entdeckt und Schleifspuren, die aus dem Dorf herausführten. All das hatte er Miranda aber vorsorglich verschwiegen, um sie nicht noch mehr zu beunruhigen.

Kaum dass er allerdings den Dorfplatz überquert hatte, ließ ihn ein langer, gellender Schrei schaudernd innehalten. Er sah auf die Hütte, in der Miranda verschwunden war, und hetzte mit langen Schritten darauf zu. Beim Eintreten bemerkte er, dass die Tür

fast herausgerissen worden war und nur noch an einem Scharnier hing. Blutige Schleifspuren führten aus der Hütte heraus, die drei Eingangsstufen hinunter zum Waldrand. In der Hütte selbst, die aus einem Schlaf- und Essraum sowie einer im hinteren Bereich liegenden kleinen Kammer bestand, schlug ihm beißender Gestank entgegen. Er presste seine Hand vor Nase und Mund und blickte sich um. Der Raum war kaum höher als er selbst. Durch eins der beiden Fenster fiel das Sonnenlicht schräg ein und erhellte deshalb nur spärlich das grausige Geschehen der letzten Stunden.

Miranda kauerte vor dem Bett ihrer Eltern und versuchte schluchzend ihren Vater aus der Bewusstlosigkeit zu erwecken. Indes stand Hendrik stocksteif neben ihr und sah fassungslos auf die breiten Blutlachen im Bett und auf dem Boden, auf umgestürzte und zerbrochene Möbel, an denen Fell- und Kratzspuren erkennbar waren, und auf von den Wänden gerissene Regale und Bilder. Das Ehebett war zur einen Hälfte zerlegt, Bett und Kissen lagen zerfetzt und blutverschmiert am Boden. Und von Mirandas Mutter gab es kein Lebenszeichen, keine Spur, nichts. Kurz, ihm offenbarte sich ein schreckliches Chaos aus Blut, Schmerz und Angst, ein grausiges Bild tödlicher Gewalt.

In Hendriks Ohren begann das Blut zu rauschen. Und plötzlich war ihm, als hörte er die entsetzlichen

Todesschreie der Menschen, die hier im Dorf ihr Leben gelassen haben, und die grässlichen Fressgeräusche der Bären. Vor seinem geistigen Auge sah er ihre Hatz auf Mensch und Haustier gleichermaßen, und er sah das strömende Blut der Opfer. Er sah, wie Mütter sich verzweifelt über ihre Kinder warfen, um sie vor den Angriffen der Bären zu schützen, wie Söhne und Väter erfolglos gegen diese Übermacht angingen und zum Fressen ins sichere Gebüsch an den Rand des Dorfes gezerrt wurden. All das quälte sich so vehement durch sein Hirn, dass er von Wut und Trauer überwältigt auf die Knie sank und sein Gesicht in den Händen vergrub. Sekunden später stieg ein kreischendes Jammern aus seiner Kehle. Es war so laut, dass Miranda sich plötzlich Hendrik zuwandte und ihn schreiend vor Schmerz und Verzweiflung in die Arme nahm.

Wenig später drangen sterbende Laute aus dem Bett ihres Vaters. Er röchelte, spuckte Blut und versuchte, sich mit erstickender Stimme verständlich zu machen. Miranda drehte sich halb zu ihm und sah, wie sich des Vaters bleiche Hand über die blutverschmierte Zudecke schob. Seine Verletzungen wurden sichtbar. Der Arm war bis zum Ellenbogen eine einzige blutende Fleischwunde. Miranda sah das Weiße vom Knochen zwischen dem Fleisch hindurchscheinen und ahnte, wie der Rest seines Körpers aussehen würde. Der Ohnmacht nahe schleppte

sie sich auf den Knien rutschend zurück ans Bett, nahm seine Hand in die ihre und fragte unter Tränen: „Vater! Wer hat das getan? Wie konnte das geschehen?"

„Es ging alles so schnell, mein Kind", stöhnte der Vater unter Schmerzen. „Zum Fliehen war keine Zeit. Sie stürmten die Hütten wie Füchse den Hühnerstall." Von Schmerzen überwältigt schlossen sich die mit Blut verklebten Lippen des Vaters, und dann seine Augen. Doch Miranda ließ nicht locker. Sie schüttelte seine Schultern, um ihn wieder wach zu bekommen.

„Waren es Bären, Vater? – Vater!"

„Ja, Miranda!", schrie er gellend und krampfte vor Schmerz seine Finger in ihren Arm. Dann bäumte sich sein Körper auf. Er bog sich wie ein Halm im Wind und rief dabei immer wieder: „Es waren Bären! Bären! Bären!" Als der Anfall nachließ, fügte er noch leise hinzu: „Sie kamen im Morgengrauen, und nur Blut und Fleisch konnte ihre Gier befriedigen."

„Und Mutter?"

Mirandas Vater zeigte mit schwacher Geste auf das zerfetzte Bett neben ihm. Miranda schlug vor Entsetzen die Hände vors Gesicht. Sie schrie und tobte. Nicht einmal Hendrik konnte sie beruhigen. Kein Trost konnte hier helfen. Wie im Wahn riss sie ihr blutverschmiertes Kleid auf, zerrte wild an ihren Haaren, stieß Hendrik mit den Füßen strampelnd von sich, als er sie beruhigend in die Arme nehmen wollte, und sank nach einer Weile mit leerem Blick auf den todgeweihten Leib ihres Vaters.

Sie steckte den Daumen in den Mund und sprach wie ein Kind, das mit sich selbst redete: „Verlass mich nicht, Vater! Wie soll ich Hoffnung haben auf diesem Bett? Dein Mund klafft weit, entstellte Lippen formen quälend Schmerz und Bitterkeit. Und wie in diesem fahlen Lichte bleichend, einsam, ohne Trost und über hingestrecktem Leib mich wiegend, beklag ich bald den Tod von dir. Kein Licht am Horizont, kein Stern, der bricht die Dunkelheit? Oh Engelsscharen kommt, vertreibt die düstern Schatten hier und sammelt euch vor seinem Leib! Streckt aus ins Dunkle eure Macht und hebt ihn aus dem Schattenreich als brause Feuer in der sturmzerfetzten Nacht! Doch spür ich auch, wie Stille schwellt im fahlen Licht, tief unten aus Gewölben toter Macht. Sie schwingt sich drohend auf, stößt hart auf meinen Schmerz, verschlingt den süßen Kelch, die Fieberglut, den Sturm, der mir die Tränen trieb ins Blut. Nun fährt mein stummer Schrei durch diesen Raum, wie Stürme sterbend fallen. Und mein Gesicht, von Seelenqual und Tränen fast entstellt, erhebt sich, dir das Grab zu betten."

Miranda spürte, wie sich der Kopf des Vaters ein wenig bewegte. Sie sah ihn an und ihre Blicke trafen sich.

„Hab keine Angst, mein Kind!", flüsterte er mit gebrochener Stimme. „Sterben ist wie Einschlafen! Nimm deinen Hendrik! Geht fort von hier und glaubt an das, was ihr seht und fühlt! Das hier waren Tiere, die nur auf Beute aus waren, um sich und ihre Jungen zu ernähren." Seine Finger verkrampften sich erneut im Arm seiner Tochter und ein schmerzvolles Stöhnen entfuhr seiner Brust, während sich sein Blick nach draußen richtete. Noch einmal sah er ins Licht der Sonne und spürte ihre Wärme auf seinem Gesicht, dann schloss er die Augen. Und während sein Herz den Hauch des Todes empfing, formten seine blutigen Lippen entkräftet die leisen Worte einer Weisheit, die er schon immer in sich trug, auf die er aber nie gehört hatte: „Der Stoff, aus dem der Mensch die Wahrheit webt, gleicht dem Gewand, das er vor Angst und Kälte zitternd sich schützend um die Schultern legt. Denn wisst! Es ist die Vielzahl seiner Art, die ihn im Geist beschränkt, in die er sinkt, wenn menschlich Maß ihn dazu zwingt. Doch wirft er ab das schützende Gewand, entflieht der stumpfen Masse Wahrheit, ein flammend Licht wird seinen Geist erhellen, ins Dunkle schwinden Angst und Hoffnungslosigkeit."

Buchempfehlungen

RAINER STECHER

ATRAGON
DAS VERMÄCHTNIS DES TODES

ATRAGON bezeichnet die Heimstatt des Volkes der Feen. Skrupellos schließt die Fee Dalia ein Bündnis mit Sartos, einer untoten Kreatur, damit er herrsche über die Welt und sie über Atragon. Adinofis, die Hüterin der Menschen, nimmt den Kampf gegen Sartos und Dalia auf. Die Ereignisse enthüllen Adinofis' menschliche Hälfte und die Erkenntnis, dass sie nur zu einem Zweck geboren wurde – die Menschen vor ihrer Vernichtung zu bewahren. Sie verfällt der Liebe zu Prinz Cenotes und muss sich zwischen diesem so menschlichen Gefühl und ihrer Pflicht als Priesterin von Atragon entscheiden.

Taschenbuch: 268 Seiten
Verlag: tredition.; Auflage: 1, 2015
Sprache: Deutsch
ISBN: 978-3849577339

RAINER STECHER

Rückkehr nach Atragon

Jahre nach der blutigsten Schlacht, die die Welt je gesehen hat, jagen „Sammler" noch immer die Reste der Menschheit und verschleppen sie in die eisigen Kammern der Nahrungsgrotte von Trong. Erneut schließt Sartos ein Bündnis mit der abtrünnigen Fee Dalia, die den Ring der Ewigkeit gegen die Elemente des Lebens einsetzen will. Doch es formiert sich Widerstand. Atragon erwacht zu neuer Größe und die Auserwählten dringen in Sartos Felsenburg ein. Als man zwei von ihnen gefangen nimmt und grausam foltert, entschließt sich Adinofis zu handeln. Sie weiß, ihr Kampf ist voller Gefahren und ein Sieg gegen Sartos und Dalia ungewiss.

Taschenbuch: 146 Seiten
Verlag: Asaro Verlag.; Auflage 1, 2006
Sprache: Deutsch
ISBN: 978-3934625884

RAINER STECHER

Das Konzil von Atragon

Man sagt, erlittener Schmerz bewahrt die Erinnerung an das Erlebte. Doch die Zeit verrinnt ohne Rast und tilgt die Schreckensherrschaft der Wächter und Sammler aus dem Gedächtnis der Menschen. Kaum dass sie den eisigen Gefängnissen von Trong entronnen sind und die Grenzen längst gefallener Königreiche überschreiten, nehmen sie das Land in Besitz und raffen die Trümmer zu neuer Macht und Größe. Doch die Zahl der Menschen ist klein und das weite Land braucht Zeit, um die dunklen Schatten von einst abzustreifen. So fechten die Menschen blutige Kämpfe um Macht und Einfluss, um Wasser, Vieh und Ackerflächen – Oasen des Lebens in einer Welt des Hungers.

Taschenbuch: 134 Seiten
Verlag: Asaro Verlag, 2007
Sprache: Deutsch
ISBN: 978-3939698333

RAINER STECHER

Tierische und andere Offerten

Tierische und andere Offerten besitzt mit seinen Gedichten und Kurzgeschichten einen opulenten Zuschnitt. Die zehn Autoren bieten dem Leser ein mitreißendes Lesevergnügen. Tauchen Sie zum Beispiel in die Fantasiegeschichte Miranda ein, schmunzeln Sie über das Gedicht Der arbeitslose Kater oder Die Computermaus, über den Traum einer Ente und die Geschichte Der Gast aus dem Wald. Sie werden an tierischen Ereignissen teilhaben, die beste Unterhaltung bieten und an deren Ende so wichtige Begriffe wie Liebe, Glaube, Hoffnung und Mut zum Nachdenken anregen.

Taschenbuch: 191 Seiten
Verlag: Engelsdorfer Verlag, 2010
Sprache: Deutsch
ISBN: 978-3869017761

RAINER STECHER

SPINDELFINK
Wie ein Spatz Fliegen lernte

„Ich bin nicht klein, ich bin schon groß ...", weiß Spindelfink, der kleine Spatz, und flattert übermütig in die Welt hinaus. Doch dort lauern mehr gefährliche Abenteuer, als er dachte. Schnell findet er heraus, dass ein kleiner Spatz mächtig auf der Hut sein muss – vor allem, wenn er noch nicht fliegen kann ... Doch in Gernot, dem Igel, und Max und Mux, den Maulwurfbrüdern, findet er Freunde, die fest zusammenhalten. Und er lernt, dass ein großes Herz zu haben viel wichtiger ist, als groß zu sein.

Taschenbuch: 37 Seiten
Verlag: Asaro Verlag; Auflage: 1, 2012
Sprache: Deutsch
ISBN: 978-3939698340

RAINER STECHER

Atragon – Die Tochter des Lichts

Die Atragon-Trilogie in einem Band

Seit Jahrtausenden wachen die Feen von Atragon über die Ordnung des Lebens, die durch eine magische Flamme aufrechterhalten wird. Um in den Besitz der Flamme zu kommen und sich allmächtig über das Leben zu erheben, schließt Sartos ein Macht teilendes Bündnis mit der Fee Dalia und entsendet sein gewaltiges Heer nach Atragon. Entgegen dem Willen des intriganten Hohen Rates nimmt die junge Fee Adinofis den Kampf gegen Sartos auf. Die Ereignisse enthüllen ihre menschliche Hälfte und die Erkenntnis, das sie nur zu einem Zweck geboren wurde – die Menschen vor ihrer Vernichtung zu bewahren.

Taschenbuch: 561 Seiten
Verlag: Engelsdorfer Verlag, 2008
Sprache: Deutsch
ISBN-10: 978-3867038683

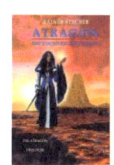

RAINER STECHER

Ein ganz besonderer Tag

Jule, ein kleines Mädchen mit niedlichen Zöpfen, lebt mit ihren Eltern in einem Haus mit Garten. Da Mama und Papa viel arbeiten müssen, ist Jule oft allein zu Hause. Um das zu ändern, wünscht sie sich zu ihrem achten Geburtstag ein kleines Meerschweinchen. Ihr Wunsch wird erfüllt, doch sie ahnt nicht, wie viel Arbeit mit dem neuen Freund und Spielkamerad Putzi verbunden ist. Eines Tages ist sie seiner überdrüssig, und erst als ihre Eltern Putzi weggeben, beginnt Jule darüber nachzudenken, was sie falsch gemacht hat. Ein Traum hilft ihr dabei. Nun versucht sie Mama und Papa zu bewegen, ihr Putzi wieder zurückzugeben. Doch wird ihr das gelingen?

Taschenbuch: 32 Seiten
Verlag: BOD Verlag, 2016
Sprache: Deutsch
ISBN: 9783741265969

$\mathcal{D}$er Autor Rainer Stecher wurde im August 1955 im thüringischen Gotha geboren. Er zog 1987 nach Berlin und absolvierte dort eine Ausbildung zum Kaufmann der Wohnungswirtschaft. Seit 2007 arbeitet er als freier Lektor für verschiedene Verlage und Literaturagenturen. Im Laufe der Jahre hat Rainer Stecher seine Leidenschaft zum Schreiben entdeckt und sich autodidaktisch auf seinen ersten Roman „Die Flamme von Atragon" vorbereitet, der dann 2007 erschien. Weitere Bücher (Rückkehr nach Atragon, Das Konzil von Atragon, Spindelfink - Wie ein Spatz fliegen lernte, Spindelfink geht auf Weltreise, Miranda, Ein ganz besonderer Tag und epische Verse folgten.

Zahlreiche Lesungen in Berlin, Interviews, Artikel, Talkrunden (unter anderem beim Oberbürgermeister in Gotha) sowie ein Fernsehauftritt im Regionalfernsehen von Gotha machten ihn und seine Bücher über Berlin hinaus bekannt. Aktuell schreibt der Autor an einer Fortsetzung der Atragon-Saga sowie an dem Triller „SolarZell".